Vanessa

HISTOIRE JUNIORS
collection sous la direction
d'Alain Plessis
Maître-assistant à l'Université de Paris-VIII



# DU GUESCLIN

texte de Claude Gauvard
illustrations d'Eduardo T. Coelho

HACHETTE
79 bd Saint-Germain 75006 Paris
encyclopédies & connaissances

# noble et breton

Bertrand du Guesclin est né vers 1320, dans le château d'un petit village breton. On ignore la date exacte de sa naissance. On ignore aussi l'allure de sa maison : il n'en reste plus rien. Le père, Robert, est un cadet de famille ; son héritage est réduit. La mère, Jeanne, n'a pas une grosse dot. N'imaginons donc pas la résidence d'un grand et fastueux seigneur, mais celle d'un châtelain modeste. Néanmoins, les du Guesclin sont **nobles**, **chevaliers** et fiers Bretons. La famille devient vite nombreuse. Bertrand, l'aîné des dix enfants, aurait dû bénéficier des avantages de son rang, mais il est d'une laideur repoussante. On raconte que sa mère, effrayée, refusait de l'asseoir à sa table. Humilié, Bertrand devient sauvage. Il rivalise d'ardeur à la **quintaine** ; il aime, jusqu'à l'épuisement, les jeux violents qui l'opposent aux petits paysans du village. Endurci, Bertrand devient brutal. Qui peut croire à l'avenir que prédit une religieuse à ce jeune garçon ? « Il surpassera en gloire tous ses ancêtres... Nul ne l'égalera dans le firmament... On parlera de lui jusqu'à Jérusalem... »

**Noble**
Personne née de parents nobles.

**Chevalier**
Combattant à cheval, en général noble, qui a reçu ses armes lors de la cérémonie de l'adoubement.

**Quintaine**
Jeu des jeunes nobles qui consiste à frapper un mannequin... pour s'entraîner au combat.

**Armoiries de du Guesclin**

**Naissance de du Guesclin**
*Le courage donne ce que la beauté refuse.*
Devise attribuée à Bertrand du Guesclin.

# un temps de crise

Pour acquérir la gloire, il faut franchir,
victorieux, de nombreux obstacles.
Il faut d'abord survivre.
En Occident, la prospérité
des trois siècles précédents n'est plus :
il y a trop de bouches à nourrir.
« Je meurs, doux Dieu, hélas,
je meurs de faim ! » crie-t-on.
La mort rôde partout.
De terribles épidémies fauchent
les corps sans défense. La plus terrible
est la **Peste Noire**. Elle resurgit sans cesse,
quand on la croit passée.
Qui peut espérer lui échapper ?
Vers 1400, la moitié de la population
du royaume de France a disparu.
Les paysans sont moins nombreux
pour travailler la terre des seigneurs ;
les blés se vendent mal.
Les nobles voient fondre leur fortune.
Où trouver d'autres revenus
sinon dans la guerre qui rapporte
pillages, rançons et soldes ?
Le conflit qui éclate en 1337
entre les rois de France et d'Angleterre
s'éternise : c'est la **guerre de Cent Ans**.
Mais la guerre aggrave la crise.
« De la faim, de la guerre, de la peste
délivre-nous Seigneur »,
prient les pauvres gens.

**Peste Noire**
Épidémie apportée d'Orient par des marins débarqués à Marseille. Elle se propage en suivant les routes, frappe les jeunes comme les vieux, les pauvres comme les riches, et ne connaît alors aucun remède.

**Guerre de Cent Ans**
Nom donné au conflit franco-anglais terminé en 1453 par la victoire de Charles VII à Castillon. Cette guerre, entrecoupée de longues trêves, ne dure pas exactement cent ans.

**Nef du XIVe siècle**

**Les ravages de l'épidémie**
*Les gens mouraient sans serviteur et étaient ensevelis sans prêtre. Le père ne visitait plus son fils, ni le fils son père; la charité était morte, l'espérance abattue.*
D'après un témoin de la Peste Noire, 1348.

# premier exploit

Les nobles bretons, pauvres et nombreux,
ont besoin de la guerre pour vivre.
Ils entrent au service du duc de Bretagne,
des rois de France et d'Angleterre.
Bertrand brûle de leur ressembler.
Au fur et à mesure qu'il grandit,
il devient difficile de le garder.
Un jour qu'il est enfermé au château,
il n'y tient plus, s'évade et saute
sur le premier cheval de labour venu.
Sans selle ni bride, il court à Rennes,
chez un oncle : il a dix-sept ans.
Dans son accoutrement ridicule, Bertrand
n'a rien d'un **écuyer**. Qu'importe !
Il prétend courir les **tournois**.
Le plus célèbre est celui donné
pour le mariage de Charles de Blois
avec Jeanne de Penthièvre,
nièce du duc de Bretagne.
Avec des armes d'emprunt, Bertrand
entre en lice et fonce,
fait voler en éclats les casques
et désarçonne ses adversaires.
« Victoire à l'aventureux
nouvellement venu », crient les **hérauts**.
Son père, enfin fier de lui, le félicite.
La guerre qui éclate en Bretagne
pour la succession du duc, Jean III,
mort sans enfant en 1341, donne à Bertrand
l'occasion de durs et vrais combats.

**Écuyer**
Jeune homme, en général noble, qui n'est pas encore chevalier.

**Tournoi**
Exercice militaire où s'affrontent sur un terrain appelé lice deux ou plusieurs adversaires devant des spectateurs.

**Héraut**
Celui qui commente le combat.

**Un héraut**

**Un tournoi**
*Les vaillants hommes travaillent leurs corps en armes pour conquérir la gloire et la renommée de ce monde... car Prouesse se moque des poltrons.*

D'après Froissart,
*Chroniques*, XIVe siècle.

# chef de bande

Dans le duché de Bretagne, les uns soutiennent Charles de Blois, allié du roi de France, les autres Jean de Montfort, allié du roi d'Angleterre.

Avec quelques compagnons, Bertrand s'établit dans la forêt de Brocéliande. Malheur aux partisans des Montfort ! Ils sont sur-le-champ tués ou volés.

En 1350, Bertrand décide de prendre aux Anglais la redoutable forteresse de Fougeray. Ses hommes ne sont pas assez nombreux. Il utilise la ruse. Déguisés en bûcherons, les armes cachées dans les fagots, ils entrent. Mais le combat est rude. Des renforts arrivent : « Guesclin, la journée est gagnée ! »

# en avant !

Du Guesclin ne peut pas se contenter
de lutter ainsi, seul.
Comme tous les hommes d'armes
qui combattent en son temps,
il cherche à entrer dans la **retenue**
d'un grand, capable de lui donner
des récompenses et une **solde**.
Son seigneur, Charles de Blois, est loin.
Prisonnier en Angleterre depuis 1346,
il ne réussit pas à payer sa lourde **rançon**.
Mais il a sur place de fidèles partisans,
tel le sire d'Audrehem qui gouverne
la Normandie pour le roi de France.
Un jour, en 1354,
dans une embuscade anglaise,
Bertrand lui sauve la vie.
Le soir même, du Guesclin
est fait chevalier et entre
au service du roi de France, Jean le Bon.
Devenu seigneur de la Motte-Broons
à la mort de son père,
Bertrand voit sa fortune grandir.
Il a trente-quatre ans.
Envoyé en Angleterre pour négocier
le retour de Charles de Blois,
il ne craint pas de tenir tête
au roi d'Angleterre.
Que peut redouter celui qui,
par son cri de guerre, fait fuir
les adversaires les plus acharnés ?
« Notre-Dame Guesclin !
En avant ! »

**Retenue**
Mode de recrutement par contrat écrit pour un temps et un salaire donnés.

**Solde**
Salaire des hommes d'armes.

**Rançon**
Somme d'argent que le prisonnier doit verser pour obtenir sa libération.

**Scène d'adoubement**

**La remise d'une rançon**
*Si un homme d'armes tient un autre homme d'armes comme prisonnier et si la rançon a été accordée, il doit l'apporter en la main de son maître, sans mot dire, aux lieu et jour fixés.*
D'après Geoffroy de Charny,
*Livre de chevalerie*, 1352.

# un roi menacé

Dans le royaume, la guerre est installée.
Victorieux de la flotte française,
Édouard III débarque et mène,
ainsi que son fils, le terrible Prince Noir,
des **chevauchées** dévastatrices.
A Crécy, en 1346,
les archers anglais au tir rapide
ont raison des chevaliers français.
Jean le Bon tente de stimuler
la noblesse défaillante. En vain !
La bataille de Poitiers est un échec.
Face aux troupes anglaises disciplinées,
les uns fuient, les autres meurent.
Le roi Jean, prisonnier, part en exil
en Angleterre. Comment payer sa rançon ?
Le quart du royaume est perdu.
Dans le pays, la révolte gronde.
Autour de Paris, en 1358, les **Jacques**
se soulèvent contre les nobles.
Réunis pour voter de nouveaux impôts,
le clergé, les nobles, les bourgeois
acceptent à condition de réformer le royaume.
Les Parisiens, conduits par Étienne Marcel,
le prévôt des marchands, manifestent.
Le roi de Navarre, Charles le Mauvais,
veut prendre le pouvoir ;
il s'allie aux mécontents et aux Anglais.
Charles, le **dauphin**, est seul.
Menacé par la foule, il est sauvé
par Étienne Marcel, mais de justesse !

**Chevauchée**
Avance rapide d'une armée détruisant tout sur son passage.

**Jacques**
Paysans révoltés en 1358.

**Dauphin**
Héritier de la couronne de France.

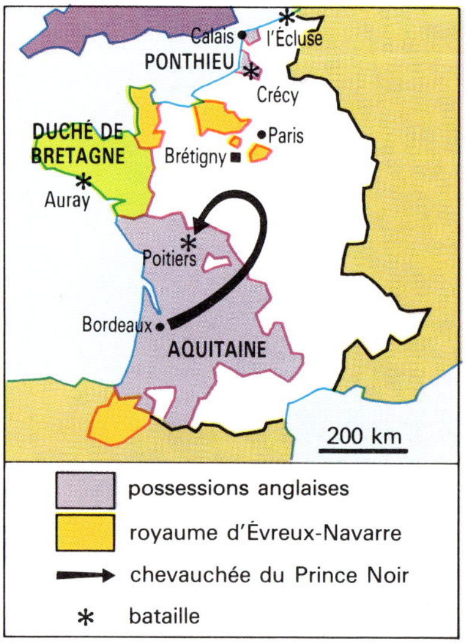


**Le royaume de France en 1360**

**L'émeute de Paris en 1358**
*« Votre peuple de Paris murmure très grandement de vous et de votre gouvernement... rappelez-vous vos promesses... donnez des ordres à la louange de Dieu, à l'honneur du Roi, de vous, et au profit du peuple. »*
Lettre d'Étienne Marcel au dauphin.

# au service du roi

Du Guesclin reste fidèle à Jean le Bon.
Sous les ordres de Pierre de Villiers, **capitaine** du roi à Pontorson — à la frontière de la Bretagne — il combat comme **routier**, Anglais et Navarrais.
Le voici devant Rennes assiégée ; il provoque les Anglais en duel.
Les coups entament son **bassinet**. Il dit : « Gare si vous me tenez tête davantage. »
Il charge, perce les **plates** de l'armure et fait choir l'adversaire de cheval.
Bertrand est si réputé qu'en 1357, Pierre de Villiers le nomme capitaine de Pontorson à sa place.
Au siège de Melun, tout semble perdu ; les flèches découragent les assaillants.
Soudain, Bertrand prend une échelle et grimpe, intrépide. Le dauphin dit : « Je me souviendrai de lui. »
Du Guesclin a la confiance du roi Jean qui, revenu en France, veut se venger.
En Normandie, les deux hommes préparent une vaste campagne. Les forteresses navarraises tombent, mais les Gascons, le captal de Buch en tête, les soutiennent.
En mai 1364, Jean le Bon meurt. Du Guesclin continue l'œuvre entreprise. A Cocherel, dans une grande bataille, il est vainqueur.
Le dauphin peut se faire sacrer roi sans crainte : il était temps !

**Capitaine**
Chef désigné par le roi pour retenir et commander une troupe appelée compagnie ou route. L'un des plus célèbres dans le Midi a été le captal de Buch.

**Routiers**
Nom donné aux hommes d'armes des routes ou compagnies.

**Bassinet**
Casque léger enveloppant la tête.

**Plates**
Plaques de fer formant une sorte de carapace qui protège le corps.

**La bataille de Cocherel**
*Les gens de du Guesclin passèrent sur le dos de leurs ennemis tellement que Navarrais et Anglais furent déconfits, et fut pris le captal de Buch et furent morts presque tous les capitaines des Anglais.*

D'après la *Chronique normande* du XIVe siècle.

# prisonnier !

Le nouveau roi de France, Charles V,
sait que ses adversaires sont encore
très puissants : il veut les soumettre.
Du Guesclin, aidé de ses frères,
Olivier et Guillaume, s'y emploie.
Ses **compagnies** ravagent la Normandie.
A la vue de sa bannière et de ses armes,
les garnisons sont prises de panique.
« A la rescousse, à la rescousse,
voilà ce diable de Breton
qui a un cœur de serpent »,
crie-t-on, car les hommes de Bertrand
sont prompts à escalader le donjon,
« tels des chats fuyant au grenier ».
Sur ordre du roi de France,
du Guesclin se rend en Bretagne.
La bataille s'engage à Auray.
« Par saint Yves ! Bannières en avant ! »,
crient Charles de Blois et ses partisans.
« Par saint Georges ! En avant ! »,
crient Jean de Montfort et ses hommes.
La mêlée est rude
où s'enchevêtrent hommes,
armes, chevaux et **bannières**.
Le soir venu,
Charles de Blois gît mort.
La guerre de succession est finie,
mais du Guesclin s'acharne toujours,
les armes brisées, les mains nues.
Et lorsque sonne la fin du combat,
il doit se rendre, prisonnier.

**Compagnies**
Bandes commandées par un capitaine. Certaines n'obéissent plus au roi comme celle d'Arnaud de Cervoles dit « l'Archiprêtre » et sont aussi dangereuses que les Anglais.

**Bannière**
Drapeau carré qui unit une compagnie d'hommes d'armes.

**Un archer**

**La bataille d'Auray**
*« Fuyez, Monseigneur, sauvez-vous par Dieu de Paradis, Charles de Blois est mort !*
*— J'aime mieux mourir que fuir », répondit du Guesclin.*

D'après Cuvelier,
*Chronique rimée*, XIVe siècle.

# capitaine des compagnies

La paix est revenue. Grâce au roi, Bertrand paie sa rançon.
Que faire des compagnies qui, faute de guerre et de solde, pillent le pays ? Charles V charge du Guesclin de les conduire en Espagne pour soutenir Henri de Trastamare contre Pierre le Cruel.
Bertrand les rassemble : « Si vous me suivez, vous serez riches. »

Les soldats vont de victoire en victoire. Tels des croisés, ils massacrent les Juifs et rêvent d'expulser les Maures. Henri de Trastamare devient roi de Castille.
Mais en 1367, le Prince Noir passe les Pyrénées à son tour.
Défait à Najera, du Guesclin est de nouveau prisonnier.

Encore une fois libéré, du Guesclin continue la guerre au service d'Henri de Trastamare. Il aime le faste de ces cours raffinées et dépense avec générosité les fortes sommes d'argent qu'il reçoit. Mais, quand en 1370, Pierre le Cruel meurt, tué par son ennemi, la mission de du Guesclin est terminée.

# connétable

Absent, du Guesclin est resté célèbre
dans le royaume de France : il le sait.
On raconte que,
quand il était prisonnier du Prince Noir,
il lui dit fièrement :
« Il n'y a pas une fileuse en France
qui ne veuille gagner ma rançon à filer
plutôt que de me laisser en votre pouvoir. »
De retour à Paris, le peuple l'acclame.
Tous, grands et bourgeois sont réunis
pour voir le roi Charles V lui offrir
l'épée de **connétable**.
C'est un honneur suprême. En échange,
Bertrand promet d'être, sa vie durant,
un « très fidèle et loyal serviteur ».
Parmi les spectateurs, il y a son vieil ennemi,
Olivier de Clisson, qui a quitté
le duc de Bretagne pour servir le roi.
Les deux hommes promettent de se soutenir
dans l'adversité et de tout partager.
Le roi dispose désormais de sages
conseillers, laïcs et ecclésiastiques.
Et la guerre recommence. Depuis 1368,
Charles V a rompu la paix en disant
qu'il confisquerait toutes les terres occupées
par les Anglais dans le royaume de France.
Il faut maintenant exécuter sa parole.
Mais, au nord, les Anglais entreprennent
une redoutable chevauchée. A l'ouest,
ils tiennent de solides **places fortes**.
Comment en venir à bout ?

**Connétable**
Grand officier du royaume qui s'occupe de la guerre et qui dirige l'armée en l'absence du roi.

**Place forte**
Château ou ville fortifiée par des remparts.

**Un conseiller du roi**

**La remise de l'épée de connétable**

*« Bertrand, vous serez connétable. C'est à vous que je confie la garde de la France »* (dit Charles V).
*« A Bertrand ! A Bertrand ! L'épée levez !*
*S'il est connétable, les Anglais seront vaincus ! »* (crie l'assistance).

D'après Cuvelier, *Chronique rimée*, XIV^e siècle.

# la guerre d'usure

De santé fragile, le roi ne combat pas :
il prépare la guerre que fait son connétable.
Ni Charles V ni du Guesclin
n'ont l'intention d'affronter les Anglais
avec une armée en désordre.
Pas de vassaux indociles, souhaitent-ils ;
ils préfèrent retenir par contrat
des hommes, en général de petits nobles,
pour les servir à la guerre.
Compagnies, routiers et capitaines
sont soigneusement contrôlés ;
leurs armes sont vérifiées.
Mais ces professionnels de la guerre
ont besoin de soldes régulières.
Du Guesclin y veille : « Gentil roi, dit-il,
comment pouvez-vous donner si peu d'argent
pour des faits si vaillants ? »
Charles V a restauré son pouvoir :
il peut lever des **impôts permanents**.
Il ordonne aux villes de s'entourer
de murailles. L'armée de reconquête
est prête : pas de grandes batailles
où s'affrontent les preux chevaliers.
Le roi et son connétable savent trop
ce qu'elles coûtent en hommes et en rançons.
Du Guesclin préfère les attaques
par surprise.
Il ruse et met le feu,
il combat avec hargne.
La guerre d'usure commence.

**Impôts permanents**
Prélèvement d'argent imposé par le roi sans demander l'autorisation de ses sujets. La gabelle, impôt sur le sel, est un impôt permanent.

**La tactique de la terre brûlée**
*On doit garnir les cités et forteresses de gens d'armes forts, d'orge, froment, avoine, viande salée et ce qu'on ne peut porter en garnison, on doit le détruire afin que l'ennemi n'en profite pas.*
D'après Ch. de Pisan, *Livre du sage roi Charles V*, XV$^{e}$ siècle.

# grand seigneur

Comte de Longueville, duc de Molina,
c'est au château de la Roche-Tesson,
en Cotentin — un don du roi —,
ou à Pontorson que du Guesclin aime vivre.
Il se comporte en grand seigneur.
On ignore s'il sait lire et écrire.
Tiphaine Raguenel, sa première femme,
savante en astrologie,
lui apporte la science avec la beauté.
Au Mont-Saint-Michel, elle se plaît
à lire dans les astres le destin
de son époux, car les seigneurs,
comme le roi, tiennent compte, avant d'agir,
des prédictions des **astrologues**.
Bertrand nourrit aussi dans son hôtel
des clercs, secrétaires et **chapelains**,
une foule de serviteurs à sa **livrée**,
une centaine d'hommes d'armes,
sans compter ses amis, tel Olivier Mauny,
le plus souvent de fidèles Bretons.
Ce train de vie coûte cher.
Chambellan, capitaine, connétable,
du Guesclin cumule les charges et les gages.
Il veille à être augmenté et payé ;
il y ajoute dépouilles et rançons.
Quand, en 1373, il épouse Jeanne de Laval,
de grande noblesse, est-il devenu riche ?
On ne sait : il n'a pas d'enfant légitime
à qui transmettre son héritage.
Et toute sa vie, il donne avec générosité.

**Astrologue**
Celui qui étudie les astres et prévoit l'avenir.

**Chapelain**
Membre du clergé chargé de la chapelle privée d'un particulier.

**Livrée**
Vêtement aux couleurs d'un seigneur.

**Le Mont-Saint-Michel**

**La vie privée de du Guesclin**
*« Mon seigneur, je vous en prie, il faut toujours croire mon conseil ou bien vous ferez folie... Tant que vous ferez ce que je vous dis, vous et vos gens, vous ne serez pas vaincus. »*
D'après Cuvelier, *Chronique rimée*, XIV^e siècle.

# la reconquête

Pour mener à bien la reconquête,
du Guesclin n'agit pas seul.
Sur mer, le roi de Castille envoie
sa flotte plusieurs fois victorieuse.
Sur terre, les frères du roi,
Philippe de Bourgogne et Louis d'Anjou,
dirigent avec lui les opérations.
Mais du Guesclin est partout,
en peu de temps.
Avec Olivier de Clisson, il reçoit
les clés de la ville de La Rochelle.
En Bretagne, les chevaliers l'appellent
pour repousser jusqu'à la mer
les Anglais et le duc de Montfort.
En Normandie, il investit
les possessions navarraises.
En Aquitaine, il descend
et enlève les places fortes anglaises.
Mais en 1378, quand Charles V reconnaît
Jean de Montfort comme duc de Bretagne,
du Guesclin peut-il encore obéir ?
Loyal, il préfère retourner en Espagne.
Sur la route, à Châteauneuf-de-Randon,
la ville résiste : il veut l'assiéger.
Mais la maladie, puis la mort
clouent du Guesclin au camp.
« Ah, douce France, mon amie,
je te laisse brièvement », dit-il.
La nouvelle aussitôt répandue, le peuple
attend son convoi en pleurant.
Des Anglais restent encore en France.

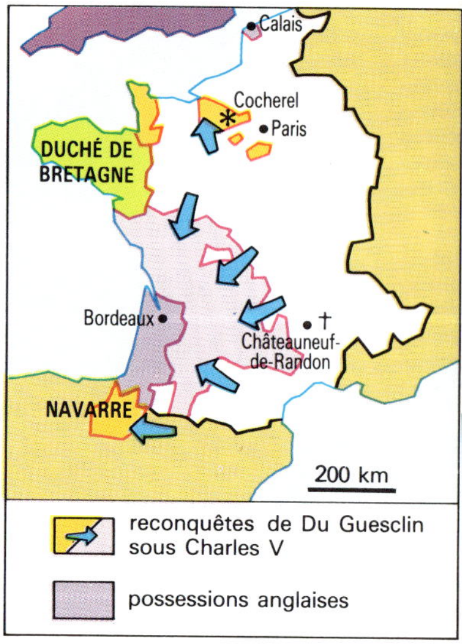


**Le royaume de France en 1380**

**L'hommage à du Guesclin**

*« Mais il est mort ! Dieu lui fasse pardon !*
*Et plût à Dieu qu'il fût vivant encor*
*pour défendre du léopard félon*
*l'écu d'azur à trois fleurs de lis d'or. »*

D'après Cuvelier,
*Chronique rimée*, XIVe siècle.

# un héros ?

Petit, le corps ramassé, les épaules carrées,
le visage lourd, les traits épais,
Bertrand du Guesclin est laid,
jusque sur le **gisant** de son tombeau.
Mais il a le privilège d'être enterré
dans la basilique Saint-Denis,
près de Paris, avec les rois de France.
Telle est la volonté de Charles V
mort avant d'avoir exécuté son projet.
Grandiose est la cérémonie des obsèques
que Charles VI organise en 1389.
La foule est dense et grave.
Du Guesclin est déjà entré dans la légende.
Si quelqu'un demande au roi
une grâce et dit :
« J'ai servi en vos guerres
du temps de notre bon sire Bertrand »,
il est sûr de la voir accorder.
Que d'exploits on lui prête !
Mais est-il si différent des autres,
de ces chefs des Grandes Compagnies
gallois, gascons, allemands, espagnols,
qu'il a pris sous ses ordres ?
Leur bravoure est la même ;
leur goût de l'argent aussi.
Mais du Guesclin a choisi
de ne pas chevaucher à l'aventure.
Il a servi sans faillir la politique
du roi et l'intérêt du royaume.
C'est un routier qui a bien tourné !

**Gisant**
Statue funéraire couchée sur le dessus du tombeau.

**Les obsèques de du Guesclin à Saint-Denis**
*Désolation, guerre et trouble*
*furent, avant sa venue.*
*Mais la guerre il ôta*
*et de l'oppression il garda.*
*Et toutes les prières*
*étaient pour lui répandues.*
D'après Eustache Deschamps
poète du XIVe siècle.